von Renate Piehorsch und Alexandra Maht

Auf die Plätze,

fertig,

strick...

Ein Strick-Lernbuch
für Kinder

INHALT

← FRIEDA

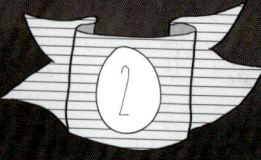

JULI

BRUNO

ein Wort vorweg für Kinder und Erwachsene

KINDER MÜSSEN NICHT STRICKEN LERNEN – das ist eine gute Nachricht! Heutzutage besteht keine Notwendigkeit mehr, seine Kleidung selbst herzustellen. Alles gibt es fertig zu kaufen, in jeder Preisklasse und beliebiger Qualität.

KINDER SOLLTEN STRICKEN LERNEN – das finden zumindest wir! Etwas mit seinen eigenen Händen herstellen zu können ist etwas ganz Besonderes. Das kann durch nichts ersetzt werden.

KINDER KÖNNEN STRICKEN LERNEN – aber wo? Leider kommt in der Schule das Vermitteln von handwerklichen Fertigkeiten manchmal etwas zu kurz, und zu Hause findet sich auch nicht immer jemand, der es Ihnen beibringen kann.
Deshalb haben wir uns dieses Buch einfallen lassen. Jedes Kind ab etwa acht Jahren kann damit das Stricken erlernen – möglichst aber mit etwas Beistand einer erwachsenen Person, das macht es leichter.

Die im Buch verwendeten Garne stammen allesamt von der Firma Atelier Zitron, die in Deutschland produziert. Die hervorragende Qualität überzeugt uns ebenso wie die hohen ökologischen und sozialen Standards, nach denen die Garne hergestellt werden.

Auch wenn Kinder die allerersten Strickversuche sicher mit Resten bewerkstelligen – die Begegnung mit hochwertigen Naturgarnen sollte man ihnen frühzeitig gewähren. Denn Handgestrickes ist etwas Besonderes – und schönes Garn macht es zur Kostbarkeit.

Alles begann damit, dass Bruno unbedingt eine Häkelmütze haben wollte. Und zwar genau so eine, wie die meisten Jungen aus der Klasse sie trugen. Eigentlich fand er sie gar nicht schön – aber zum Coolsein war so eine Mütze ja anscheinend notwendig. Und cool sein war wichtig, dachte Bruno.

Aber 45€ für eine Häkelmütze? Die würden seine Eltern niemals ausgegeben, da brauchte er gar nicht erst zu fragen. Blieb noch Omi, die konnte doch schließlich häkeln, oder?

Nach viel Kramerei im Keller tauchte Omi tatsächlich mit einem quietschbunten Häkelteil auf. „Das hatte man früher im Auto, auf der Ablage. War eine Klopapierrolle drin. Für alle Fälle..."

Bruno konnte es nicht fassen. So eine blöde Idee. Obwohl – eine gewisse Ähnlichkeit zu den teuren Mützen gab es ja schon irgendwie. Vorsichtshalber nahm er das Häkelding mit nach Hause.

Tage vergingen, Bruno bekam die Mütze nicht aus dem Kopf. Heimlich probierte er immer wieder Omis Häkelhütchen und wagte sich schließlich sogar hinaus in den Garten damit.

„Ach Du meine Güte, was ist denn mit Dir passiert?" Das war Juli, Brunos Nachbarin, die wieder einmal gelangweilt am Gartenzaun herumhing.

Bruno wurde rot, nahm schnell das Hütchen vom Kopf und erzählte tapfer seine Geschichte.

Juli sah plötzlich gar nicht mehr gelangweilt aus. Sie überschlug sich förmlich. „Weg mit dem Ding, wir häkeln jetzt selbst.

Oder, nee, noch besser:
Wir STRICKEN! Und dann machen wir
Mützen – und nicht so komische Klo-Hüte.
Richtige Mützen und Schals und Pullover
und..."

Ja, ehem, kannst Du denn Stricken?" fragte
Bruno vorsichtig.
„Nö. Kann man aber lernen. Schließlich
haben wir FRIEDA!"
Frieda, natürlich. Bruno atmete auf. Das
war die Lösung! Frieda konnte alles:
Klavier, Mathe – und sicher auch Stricken.
Tja, so begann also die Geschichte. Die drei
taten sich tatsächlich zusammen.
Frieda wurde über Nacht zur Stricklehrerin,
Juli kannte keine Langeweile mehr – und
Bruno?

Bruno klapperte erst einmal die Nachbarschaft ab.
Wäre doch gelacht, wenn nicht hier und da noch
brauchbare Wolle in Kellern und auf Dachböden
herumliegen würde.
Und genau so war es auch, er kam mit drei großen
Taschen von seiner Sammeltour zurück. Wollreste,
ganze Knäule, Aufgeribbeltes, angefangene Socken,
unvollendete Pullover, Stricknadeln in jeder Stärke
– schon erstaunlich, was da zusammen kam.
Wahre Schätze!

Frieda sortierte den großen Woll-Berg in drei kleine Haufen: dünne Garne, mittlere Garne und ganz
dicke. Dabei zeigte sie den anderen, welche Unter-
schiede es sonst noch zu entdecken gab:

„Hier haben wir Baumwollgarn. Das ist prima für
den Sommer. Es gehört zu den Pflanzengarnen, genauso wie Leinen oder Hanf. "

„Ich möchte aber lieber etwas Warmes stricken",
meinte Juli. „Dies hier, ist das vom Schaf?"

„Genau, und zwar 100% reine Schurwolle. Klingt
kratzig, oder? Aber das ist sie gar nicht unbedingt.
Je nach Sorte gibt es raue oder ganz weiche Schurwolle. Reine Geschmackssache. Und dann gibt es
noch Angora vom Kaninchen, Mohair von Ziegen,
Alpaca von Alpacas, Kamelhaar, Yak, Possum..."

„Schon gut Frieda!" Bruno wurde ungeduldig.
„Diese tollen Naturgarne sind doch teuer, und
waschen kann man sie auch nicht so gut. Ich will
lieber Plastik, so wie diese hier." Er hielt ein knall-
grünes Knäuel in die Luft. „Acrylgarn, strapazierfä-
hig und günstig, stimmt's?"

„Stimmt, das sind die Vorteile. Naturgarne sind
wirklich meistens teurer, aber viele Leute finden sie
schöner. Und man muss sie nicht so oft waschen,
man kann sie einfach lüften."

„Reine Geschmackssache", riefen sie im Chor.

So nun schauen wir uns mal das Werkzeug an:

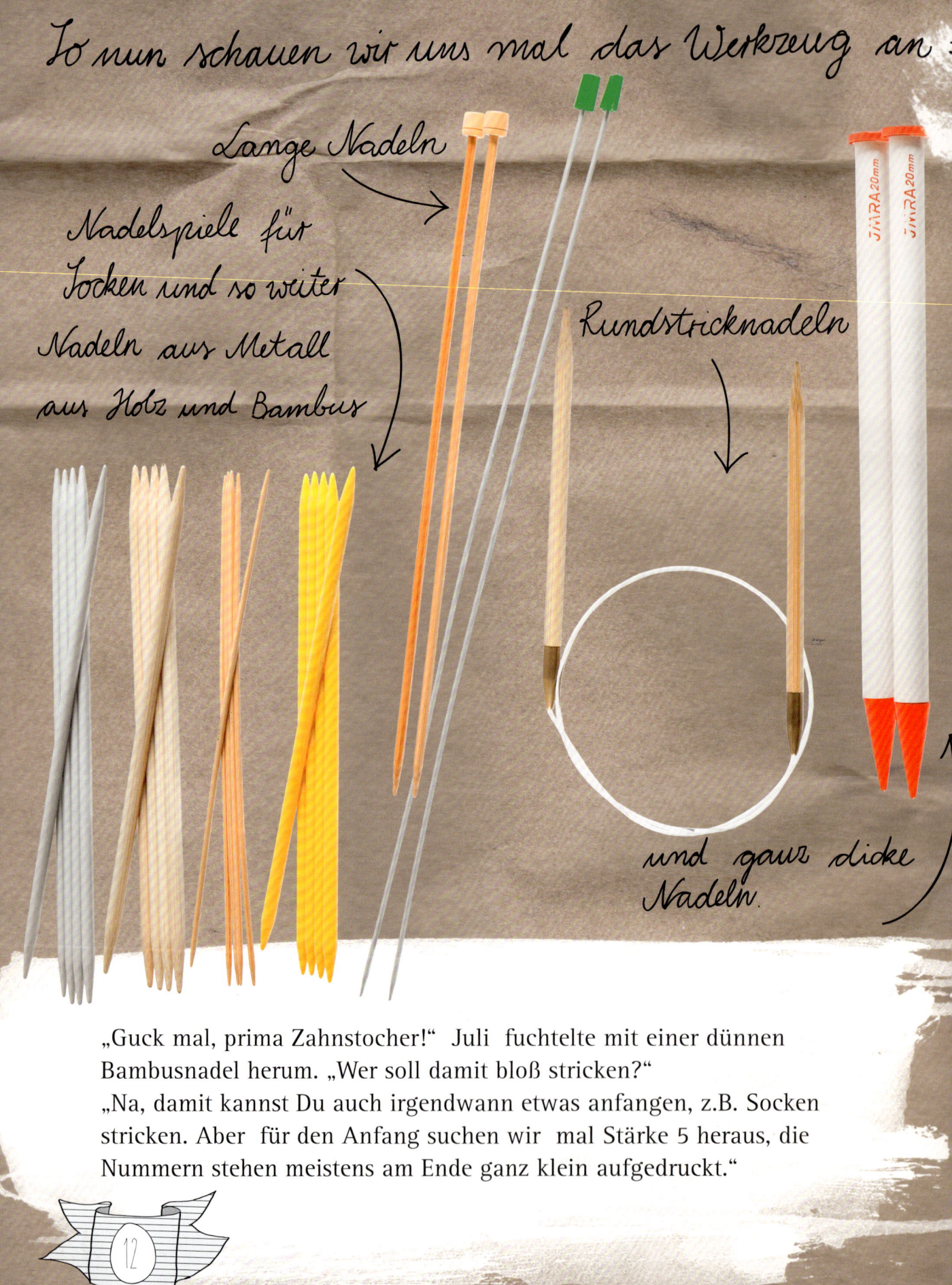

Lange Nadeln

Nadelspiele für
Socken und so weiter
Nadeln aus Metall
aus Holz und Bambus

Rundstricknadeln

und ganz dicke
Nadeln.

„Guck mal, prima Zahnstocher!" Juli fuchtelte mit einer dünnen
Bambusnadel herum. „Wer soll damit bloß stricken?"
„Na, damit kannst Du auch irgendwann etwas anfangen, z.B. Socken
stricken. Aber für den Anfang suchen wir mal Stärke 5 heraus, die
Nummern stehen meistens am Ende ganz klein aufgedruckt."

Bruno hatte inzwischen den Haufen mit der mitteldicken Wolle unter die Lupe genommen. „ Hier sind ja tatsächlich noch die Schilder dran. Was soll das denn alles bedeuten?"

„Diese Schilder heißen Banderolen. Da steht erst einmal der Name der Wolle drauf, das Material, das Gewicht und die Lauflänge, die Waschanleitung..."

„Und die Nadelstärke" , fiel Bruno Frieda ins Wort. „Die brauchen wir doch jetzt, und zwar 5, oder?"

„Genau. Beides muss zusammen passen, sonst wird das Strickstück zu fest oder zu löcherig. Sucht Euch mal ein Knäuel aus", schlug Frieda vor. „Morgen legen wir los!"

Acrylgarn

Schafwolle

Baumwollgarn

Effektgarn (Kunstfaser)

Alpaca

Mohair (von der Ziege)

Islandwolle (sehr rau)

Sockenwolle

Leinen

Seide

feine Merino Schafwolle

Naturwolle

Wolle zum Filzen

13

Am nächsten Tag überraschte Frieda ihre Freunde mit zwei kleinen Koffern. „Da waren meine Barbiesachen drin", grinste sie. „Jetzt sind es Eure Strick-Koffer."

Juli war ganz aus dem Häuschen. „Oh, guck mal, alles da: Kleine Schere, Maßband, Papier und Bleistift, verschiedene Nadeln – danke, Frieda!"

„Na, dann kann's ja losgehen. Nadeln und Garn in Stärke 5 habt Ihr ja gestern schon herausgesucht."

„Unglaublich", murmelte Bruno vor sich hin und blickte versonnen auf seine Hände mit den Nadeln. „Damit kann ich einen Pullover machen?"

Frieda lachte. „Naja, erst einmal ein Probeläppchen. Aber Du kannst es ruhig glauben: auch Deine Finger können viel mehr als Nase bohren und Computer spielen!"

„Los jetzt", unterbrach Juli die beiden. „Sind diese Nadeln richtig?"

„Das sind eigentlich Sockennadeln aus einem Nadelspiel, darum sind sie so kurz. Aber zum Üben sind sie ideal. Schau mal, am Ende wickeln wir einfach ein Gummiband herum, dann rutschen die Maschen nicht von der Nadel."

„Egal, was man stricken will – man braucht zuerst immer Maschen auf der Nadel. Diese bilden die erste Reihe, und aus ihnen heraus entstehen dann die nächsten Reihen. Was wir zuerst tun ist also: Maschen aufnehmen – und zwar so viele, wie unser Strickwerk breit sein soll. Übrigens gibt es hierfür ganz viele verschiedene Methoden und auch unterschiedliche Bezeichnungen: Maschenanschlag, Maschenaufschlag, Maschenaufnahme...

Ich zeig Euch, wie ich es von meiner Mutter gelernt habe."

15

MASCHEN AUFNEHMEN

1 Lass einen Faden vor dem Handgelenk herunterhängen und führe ihn dann hinter dem Daumen und den weggestreckten Zeigefinger entlang. Vor den restlichen drei Fingern legst Du ihn dann wieder nach vorne.

2 Diese drei Finger schnappen jetzt zu und halten die beiden Fäden ganz sanft. Die andere Hand wartet mit beiden Stricknadeln auf ihren Einsatz. Man nimmt zwei Nadeln, damit die aufgenommenen Maschen lockerer sind.

3 Mit den Nadelspitzen gehst Du von oben hinter den gespannten Faden. Halte den Faden mit dem Daumen fest und ziehe ihn vorsichtig mit den Nadeln etwas nach vorne. Nun kippe die rechte Hand nach unten in die „Arbeitsposition".

4 Jetzt gehst Du mit den Nadelspitzen Richtung Daumen, hebst den linken Faden an und ziehst ihn vorsichtig ganz leicht nach vorne.

5 Jetzt geht der Weg der Nadeln zum Zeigefinger, wo sie sich den Faden greifen, der vor dem Finger entlang läuft.

6 Die Nadeln ziehen den Faden weiter zwischen den beiden Fäden am Daumen hindurch.

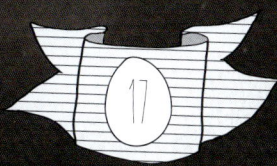

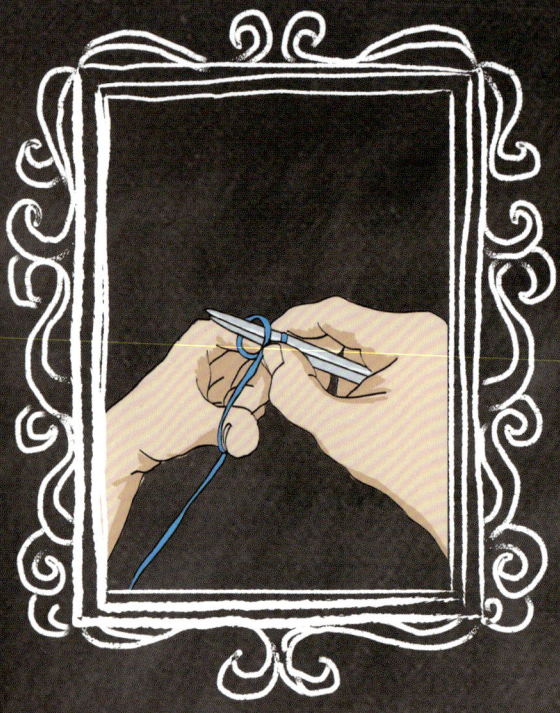

7 Jetzt ziehst Du den Daumen heraus und legst ihn hinter den Faden...

8 ...und ziehst damit die Masche fest. Bei den letzten beiden Schritten kannst Du vorsichtshalber die Masche auf der Nadel mit dem rechten Daumen festhalten.

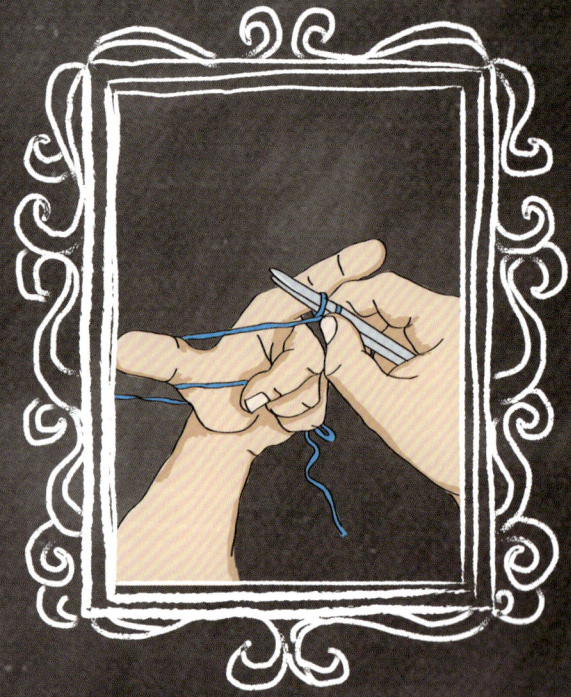

Für die folgenden Maschen wiederholst du die Schritte 4-8 solange, bis du die richtige Maschenzahl auf den Nadeln hast.

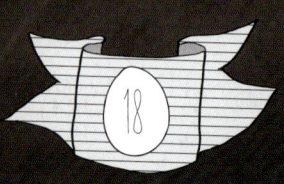

Uuuups, abgerutscht

Beim Aufnehmen der Maschen kann auch mal etwas dazwischen kommen: die Hände werden schwitzig oder verkrampft, man muss sich am Kopf kratzen oder sonstwas passiert. Kein Problem, es macht nichts, wenn man nicht alle Maschen in einem Rutsch aufnimmt, Pausen sind erlaubt. Hier siehst Du, wie Du wieder an die Startposition (Schritt 4) kommst:

Du lässt die beiden Fäden herunterhängen, führst Daumen und Zeigefinger dazwischen und spreizt sie auseinander.

Dann noch den Faden wieder mit den freien Fingern schnappen – und weiter geht es mit dem Aufnehmen.

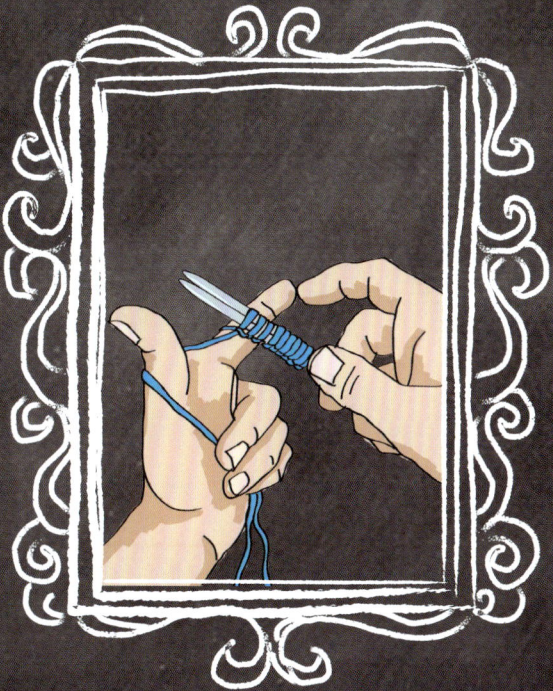

Nochmal uuuups, Faden zu kurz!
Vielleicht hast Du den Faden an der Daumenseite am Anfang zu kurz gelassen? Dann ist er nach einigen Maschen verbraucht. Das ist ärgerlich, wenn man viele Maschen aufgeschlagen hat und am Ende der Faden nicht mehr reicht. Nimm mindestens dreimal so viel Faden, wie Dein Strickstück breit sein soll.

„Prima, jetzt sind alle Maschen auf der Nadel, schön sauber aufgereiht. Kein Problem, wenn Ihr sie etwas fest angezogen habt. Wenn wir gleich eine Nadel herausziehen, ist alles schön locker", erklärte Frieda. Schwupps – schon erledigt. „Ach Du Schreck, was ist das denn?" Juli starrte auf ihre Maschen. Bruno schaute ihr über die Schulter. „Ein Satz mit X. War wohl nix", war sein Kommentar. „Du solltest eine Nadel herausziehen, nicht beide!" Zähneknirschend schlug Juli noch einmal Maschen auf – und siehe da, es ging schon viel schneller.

„So", meinte Frieda, „jetzt stricken wir rechte Maschen. Dafür nehmt Ihr die Nadel mit den aufgeschlagenen Maschen in die linke Hand und die leere Nadel in die rechte und..."

„....und den Faden zwischen die Zähne..." warf Juli ein.

„Das wäre dann eine ganz neue Methode. Die meisten Leute führen den Faden entweder über die linke oder die rechte Hand. Wir nehmen die linke, dort, wo die Nadel mit den Maschen ist."

Rechte *Maschen*

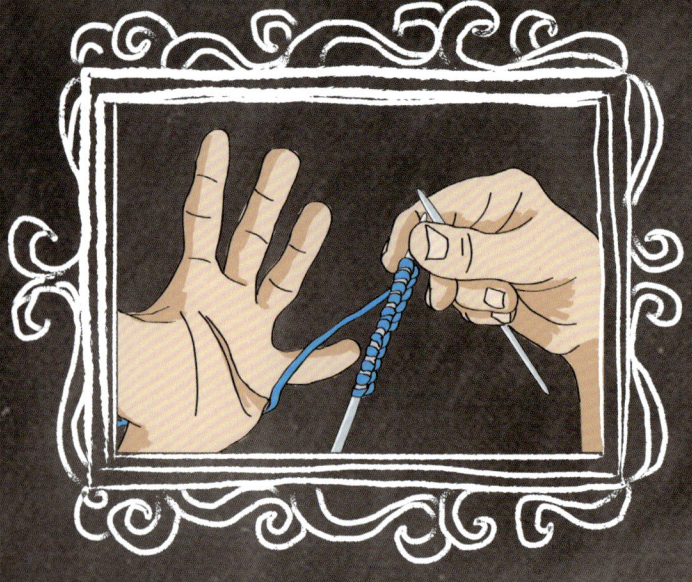

1 Wenn die linke Hand den Faden führen soll, muss dieser erst einmal drumgewickelt werden. Deshalb hältst Du die Nadeln erstmal in der rechten Hand. Dort hängt jetzt auch der lange Faden herunter, mit dem Du stricken willst. Du legst den kleinen Finger Deiner linken Hand dahinter und während Du die Hand drehst...

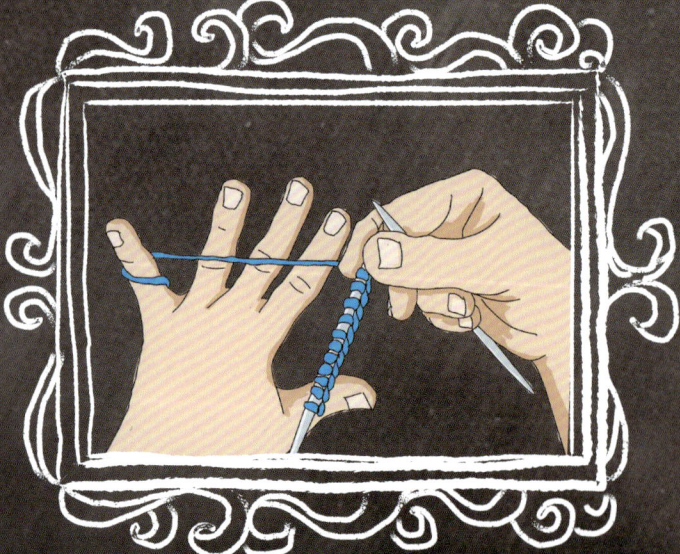

2 ...wickelt sich der Faden um den kleinen Finger und läuft über den anderen Fingern entlang. Probiere eine Weile aus, den Faden locker über den Handrücken zu ziehen.

22

3 Wenn Du ein Gefühl für die richtige Spannung bekommen hast, nimmst Du die Nadel mit den Maschen zwischen Daumen und Mittelfinger der linken Hand. Den Faden führst Du hinter die Nadel und hältst ihn leicht gespannt. Vielleicht fühlst Du Dich wohler, wenn Du den Faden noch einmal um den Zeigefinger wickelst – aber eigentlich ist das nicht nötig.

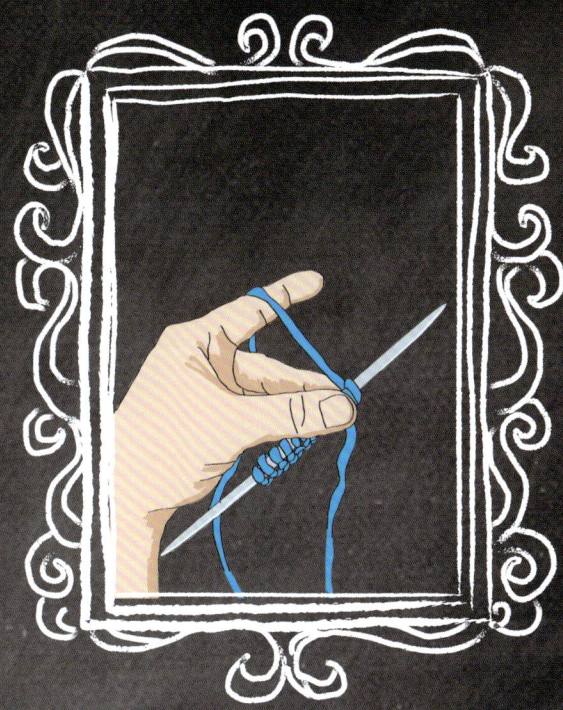

4 Jetzt stichst Du mit der rechten Nadelspitze von unten und vorne in die Masche, die Du abstricken willst.

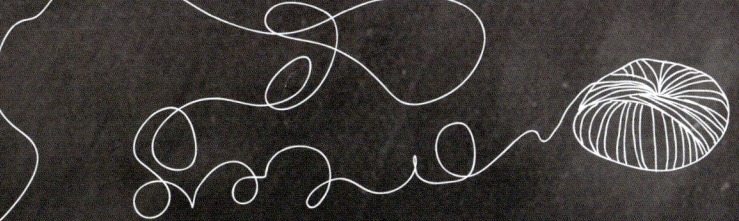

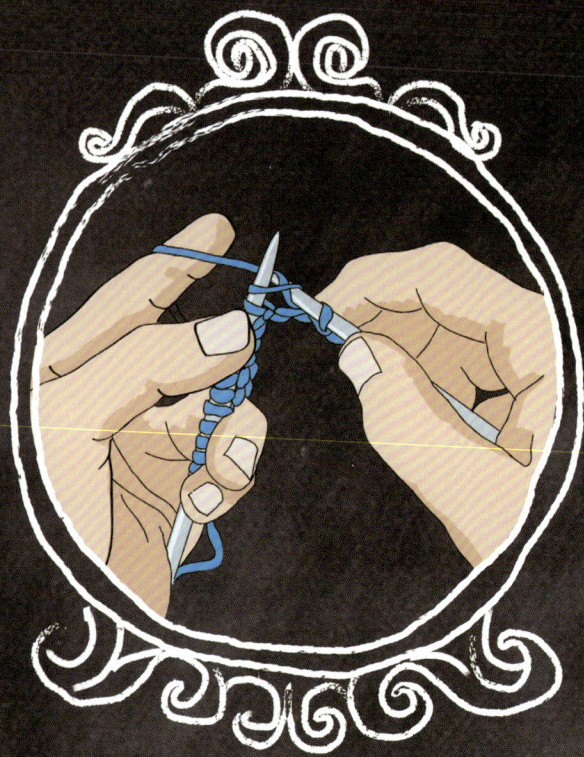

5 Du holst Dir den Faden und kannst ihn mit dem rechten Zeigefinger etwas an der Nadel andrücken – aber auch das muss nicht unbedingt sein.

6 Jetzt ziehst Du den Faden weiter durch die Masche hindurch.

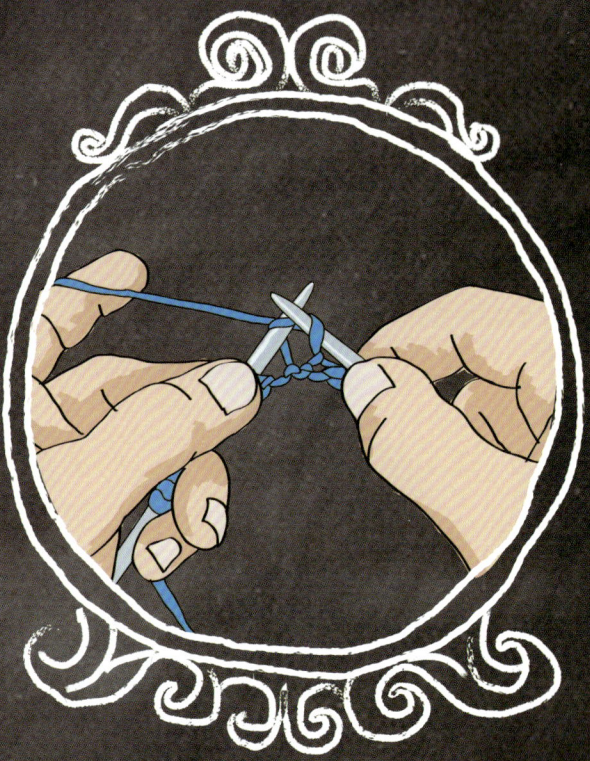

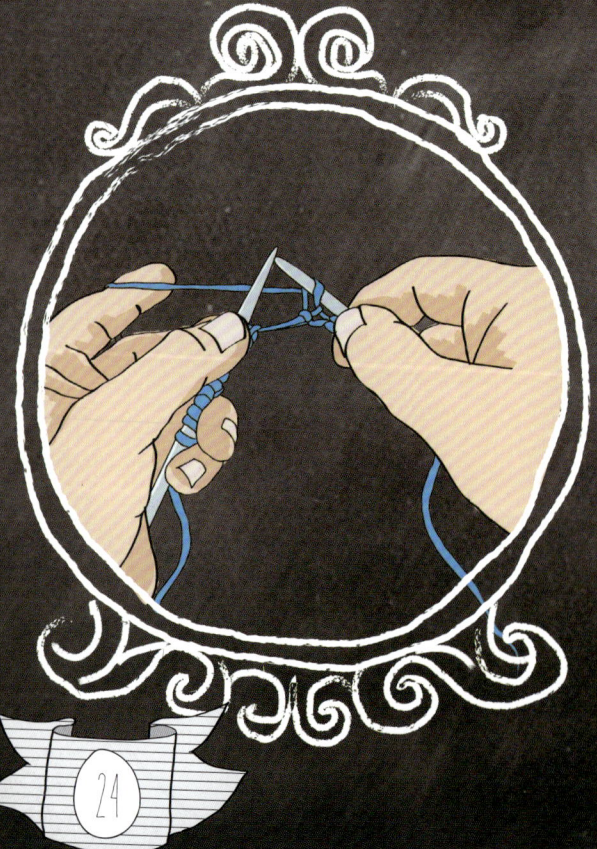

7 Die Masche ist jetzt fertig, sie kann jetzt auf die rechte Nadel hinüber rutschen.
Es kann gut sein, dass Du am Anfang noch sehr fest strickst und deshalb an verschiedenen Stellen etwas nachhelfen musst mit den Daumen oder den Fingern. Auf jeden Fall sollten irgendwann alle Maschen auf der rechten Nadel angekommen sein. Du wechselst sie dann in die linke Hand und der Spaß geht von vorne loss.

Kettenrand

Für Strickteile, die zusammengenäht werden müssen, ist der Kettenrand gut geeignet. So gehts: Du hast schon gelernt, wie man rechte Maschen strickt, nämlich mit dem Faden hinter der Nadel. Für den Kettenrand liegt der Faden vor der Nadel und Du stichst auch nicht von unten in die erste Masche, sondern von oben. Aber du strickst sie nicht, sondern hebst sie nur ab. Dies ist eine „Randmasche". Alle weiteren Maschen dann wie gewohnt arbeiten, die letzte Masche allerding immer rechts stricken.

Knötchenrand

Auch der Knötchenrand kann sehr hübsch aussehen. Vielleicht findest Du ihn auch einfacher, denn man strickt die erste und die letzte Masche (also die Randmaschen) immer rechts. Egal, für welchen Rand Du Dich entscheidest: Du musst Dich entscheiden. Ein Kuddelmuddel sieht komisch aus. Aber keine Sorge, es klingt komplizierter, als es ist. Bleibe eine Zeitlang bei einer Sorte Rand, den anderen kannst Du später einmal üben.

Während Frieda munter ihre Nadeln klappern
ließ, kämpften Juli und Bruno mit jeder
einzelnen Masche, bis alle endlich auf der
rechten Nadel angekommen waren.

„Irgendwie quietscht es immer so bei mir.
Komisch. Und meine Hände sind so schwitzig
und tun schon weh", stöhnte Juli.
„Die brauchen erst einmal Gymnastik!"

„Gute Idee", lachte Frieda und schüttelte die
Arme und Schultern auch aus, dann konnte es
locker weiter gehen.
Und wirklich, die nächste Reihe ging schon
etwas leichter. Zwar taten die Maschen sich
noch etwas schwer beim Herübergleiten auf die
rechte Nadel - aber die Finger wurden immer
lockerer.

kraus rechts

Frieda nutze die Gelegenheit, etwas über rechte Maschen zu erzählen. „Wenn man in jeder Reihe rechte Maschen strickt, bekommt man ein Wellenmuster, das könnt Ihr schon jetzt erkennen. Das liegt ganz einfach daran, dass die rechten Maschen auf der Rückseite einen Knubbel haben. Viele Knubbel sehen dann aus wie Wellen. Das Muster ist das einfachste aller Strickmuster und heißt **kraus rechts**. Übrigens sieht Euer Strickstück auf beiden Seiten gleich aus, schaut mal nach."

„Mit diesem Muster lassen sich schon tolle Sachen stricken, das werdet Ihr bald sehen. Selbst aus Euren Probeläppchen können wir etwas Brauchbares machen. Dafür braucht Ihr ein paar Erklärungen, ich habe sie Euch hier aufgeschrieben."

Abketten

Du kannst Dir sicher vorstellen was passiert, wenn man beim fertigen Strickteil die Nadeln einfach herauszieht. Genau, die Maschen purzeln herunter und mit geduldigem Ziehen kann man leicht alles wieder aufribbeln.

Das wollen wir gar nicht. Wir wollen vielmehr fein säuberlich alles beenden. Die Technik dazu heißt „Abketten" und funktioniert so:

Du strickst eine Masche und dann noch eine. Jetzt ziehst Du vorsichtig und locker die 1. Masche mit der linken Nadel über die 2. Masche. Es kann natürlich auch hier wieder der eine oder andere Finger mithelfen.

Am Ende, wenn nur noch eine Masche übrig ist, schneidest Du den Faden ab und ziehst ihn durch die letzte Masche. Fertig.

Und weil es so wichtig ist, hier nochmal das Zauberwort: locker! Gaaaaanz locker! Ein allzu festes Abketten kann das ganze Strickstück merkwürdig aussehen lassen.

Vernähen

Jedes Strickstück hat mindestens zwei Fäden, die am Ende vernäht werden müssen. Das macht man auf der Rückseite mit einer stumpfen Sticknadel. Du ziehst einfach den Faden wellenförmig ein paar Zentimeter durch die Maschen. Wenn es besonders gut halten soll, dann kannst Du dasselbe auch noch einmal in der nächsten Reihe in die andere Richtung machen.

Einige Tage waren vergangen, und Bruno und Juli hatten ihre Probeläppchen fertig gestrickt. Und dann noch eins. Und noch eins...

Kurz und gut – sie hatten richtig Gefallen daran gefunden, aus dem Riesenhaufen Wolle viele kleine Rechtecke zu fertigen, alle in **kraus rechts**.

Frieda war richtig stolz auf ihre Schüler. „Jetzt können wir daraus Euer erstes Strickwerk fertigen, passt mal auf."

Sie legte einige der Rechtecke zusammen und probierte solange herum, bis sie ein großes Quadrat ergaben. „Na und jetzt?" meinte Bruno. „Zusammenkleben mit der Heißklebepistole?"

„Käme auf den Versuch an", antwortete Frieda unbeeindruckt. „Ich würde aber doch lieber mit Nadel und Faden alles schön zusammennähen."

Für die Rückseiten fand sich bei Brunos Omi (die mit dem Klo-hütchen...) noch ein schöner alter Samtstoff und eine Kissenfüllung.

Fertig war das Meisterwerk!

Nähte

Ob ein Strickteil gut aussieht und richtig sitzt, hat immer auch etwas mit den Nähten zu tun. Darum lohnt es sich auf jeden Fall, die Teile nicht einfach so zusammen zu wurschteln, sondern einen geeigneten Stich zu verwenden. Und das ist gar nicht schwierig, keine Sorge!

Zum Zusammennähen brauchst Du eine dicke Sticknadel ohne Spitze und einen Faden aus der verwendeten Wolle. Wenn diese zu dick oder zu puschelig ist oder zu schnell reißt, nimmst Du einen dünnen Faden in einer ähnlichen Farbe.

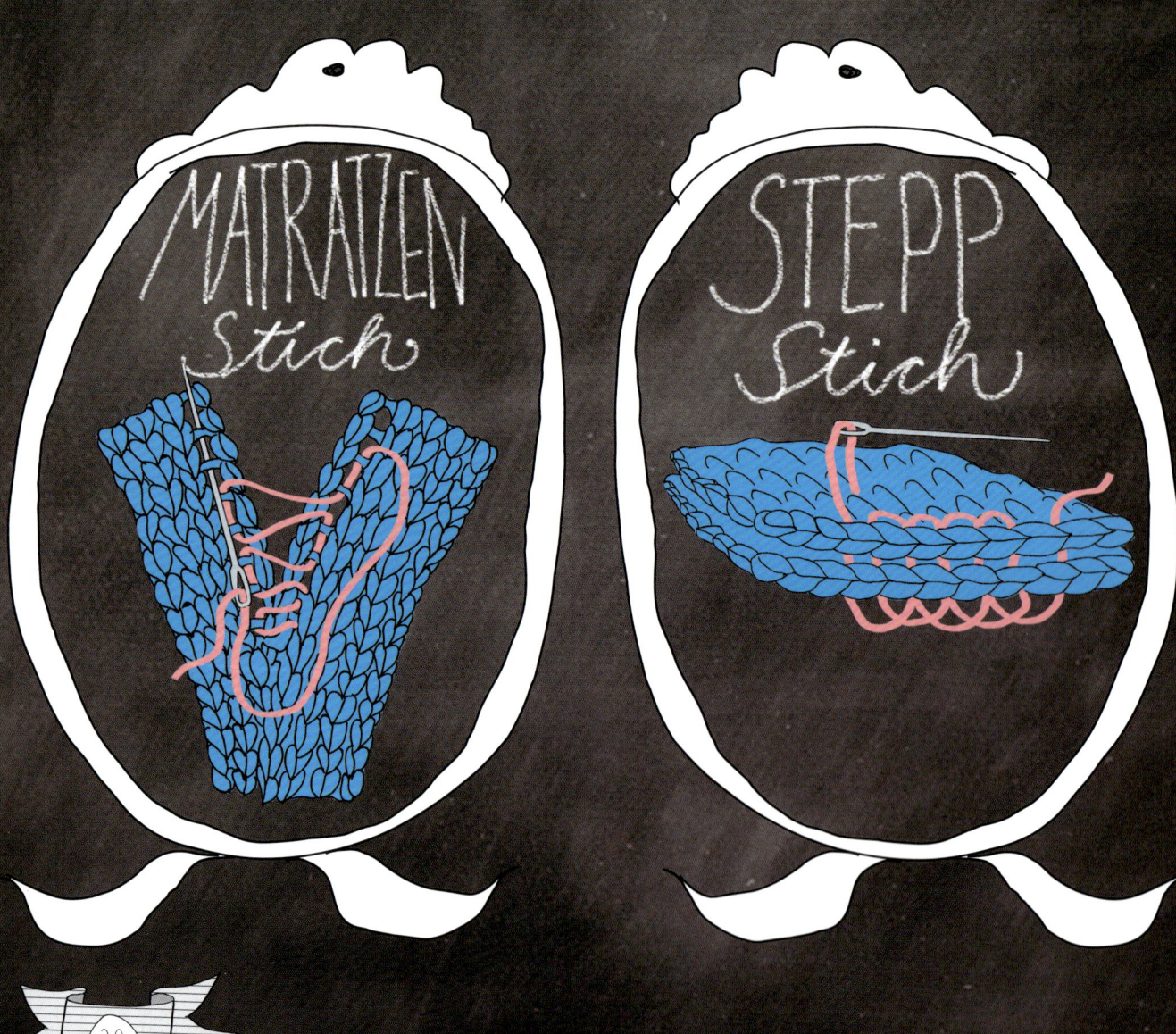

Matratzenstich

Dieser Stich eignet sich für die allermeisten Strickstücke. Das tolle daran ist, dass man diese Naht fast nicht sieht. Zunächst machen wir eine Seitennaht:
Du legst die beiden zusammengehörigen Strickteile nebeneinander, und zwar da, wo Du sie zusammennähen willst. Die „schöne" Seite ist oben, der Faden ist auf der Rückseite befestigt (wie beim Vernähen).
Die Randmaschen beider Teile liegen jetzt nebeneinander. Zwischen Rand-masche und der jeweils nächsten Masche gibt es Querfäden. Unter zwei dieser Querfäden auf der rechten Seite führst Du jetzt Deine Sticknadel und den Faden durch, dann gehst Du auf der gleichen Höhe nach links und machst da dasselbe. Dann wieder auf die rechte Seite usw. Ziehe zwischendurch den Faden vorsichtig fest. Wie gesagt, die Naht sollte man kaum sehen.
Ärmel annähen: Wenn Du einen Ärmel annähen willst, stehen Dir keine Randmaschen und damit auch keine Querfäden zur Verfügung. Stattdessen hast Du die abgeketteten Maschen, die ja auch Verbindungsfäden zu den darunterliegenden Maschen haben. Diese benutzt Du genauso wie die Querfäden.

Steppstich

Eine andere Möglichkeit zum Zusammennähen ist der Steppstich. Das ist eine sehr feste Naht, und man legt dafür die beiden „schönen" Seiten aufeinander.
Du befestigst den Faden und stichst dann gleichzeitig durch beide Rand-maschen von oben nach unten, bei dem nächsten Maschenpaar wieder nach oben und dann nochmals in den ersten Einstich nach unten. Ziehe den Faden fest, jetzt hast Du einen guten Anfang für die folgenden Schritte. Dafür lässt Du jetzt ein Randmaschenpaar aus und kommst erst bei dem übernächsten wieder mit der Nadel nach oben. In dem übersprungenen Randmaschenpaar stichst Du wieder nach unten und dann wieder in dem übernächsten nach oben – und zwischendurch das Festziehen nicht vergessen!

schau wie schön

32

KISSEN aus PROBELÄPPCHEN

MAN BRAUCHT:

CA. 250G RESTE AUS
WOLLE IN NADELSTÄRKE 5,
STRICKNADELN IN
STÄRKE 5,
1 KISSENFÜLLUNG,
STOFF FÜR DIE RÜCKSEITE,
NÄHNADEL UND NÄHGARN,
STECKNADELN.

Für jedes Probeläppchen schlägst Du 20 Maschen auf und strickst so weit, dass Du entweder ein Quadrat hast oder doppelt oder dreimal so viel. Angenommen, das Läppchen ist 10cm breit, dann ist es also 10, 20 oder 30 cm lang. Auf diese Art ordnest Du die Läppchen so an, dass ein großes Quadrat oder ein Rechteck entsteht.

Für das Zusammennähen wählst Du am besten den Matratzenstich. Dann schneidest Du den Stoff so zurecht, dass er auf jeder Seite ca. 2cm größer ist als Dein Strickwerk. Diese 2 cm werden nach innen geschlagen und dann kannst Du den Stoff mit Stecknadeln so feststecken, wie er die Rückseite des Kissens bilden soll. Nähe ihn mit kleinen Stichen an drei Seiten fest, stecke die Füllung hinein und beende dann die vierte Seite.

„Das Kissen ist super – aber diese Näherei finde ich doch ganz schön nervig" meinte Bruno. „Können wir mal was ohne Nähte machen?"

„Also ganz ohne Nähte vielleicht nicht. Aber mit nur einer Naht, da gibt es richtig viele Möglichkeiten. Folgender Vorschlag: Jeder von uns nimmt sich 100 Gramm Wolle von unserem Wollberg, jeweils die gleiche Sorte und Farbe. Dann nehmen wir Maschen auf, sagen wir mal, etwa 35 – 45, und stricken drauflos, bis ein großes Rechteck entstanden ist. In einer Woche treffen wir uns wieder, mal sehen, was daraus geworden ist. Lasst Euch etwas einfallen!"

Sie einigten sich auf eine kuschelweiche grüne Wolle aus ihrem Resteberg. Auf der Banderole stand: Merinowolle. Ganz was Feines! Juli konnte kaum noch stillsitzen vor Aufregung. „Ein Schal. Ein Stirnband. Eine Tasche.

Oh Mann, so viele Ideen, was mach ich bloß?"

Für Bruno war die Entscheidung schon gefallen. Eine selbstgemachte Mütze schien in greifbare Nähe gerückt zu sein. Und Frieda hatte sowieso immer 100 Sachen im Kopf, die sie schon immer mal stricken wollte.

Die nächste Woche war für die drei Freunde eine echte Herausforderung. Eine Idee musste her und in die Tat umgesetzt werden. Bruno ließ sich von seiner Omi einen Stapel mit Handarbeitsheften geben, Juli stöberte mit ihrer Mutter im Internet und Frieda tüftelte an einer Idee, die ihr irgendwann einmal beim Betrachten eines Schaufensters gekommen war. Voller Stolz zeigten sie beim nächsten Treffen ihre Werke:

Frieda einen Schalkragen, den man ganz unterschiedlich um den Hals drapieren konnte,

Bruno eine raffinierte Mütze und Juli ein Froschkissen für ihre kleine Schwester.

MAN BRAUCHT JEWEILS:

100G OPUS1 VON ATELIER ZITRON, FARBE 800

STRICKNADELN IN STÄRKE 5

Du schlägst 35 Maschen auf und strickst in **kraus rechts** solange, wie das Garn reicht - also etwa 75 cm. Dann kettest du ab und nähst eine der kurzen Seite an das Ende der langen Seite.
Fäden vernähen, basta.

Man braucht:
etwas weißen Bastelfilz
Zwei Knöpfe,
etwas schwarze Wolle,
Füllmaterial

JULIS
FROSCHKISSEN

Hierfür werden 45 Maschen aufgenommen, dann
das gesamte Knäul in **kraus rechts** verstrickt, und
schließlich wird am Ende abgekettet. Für das Gesicht
schneidest Du zwei Augenkreise aus dem Stoff und
befestigst jeden Kreis zusammen mit einem Knopf an
der richtigen Stelle. Du musst nur den Knopf annähen,
der Kreis hält dann von selbst.
Den Mund stickst Du aus der schwarzen Wolle mit
kleinen Stichen darunter.
Die Nähte schließt Du im Steppstich, aber so, dass die
Naht außen sichtbar ist. Zum Ausstopfen brauchst Du
etwas Bastelwolle oder anderes Füllmaterial.

BRUNOS MÜTZE

Hier sind es 40 Maschen, die Du zu Beginn aufnimmst und dann kraus rechts strickst. Die Länge richtet sich nach dem Kopfumfang, also etwas über 50 cm. Nach dem Abketten nähst Du die beiden kurzen Seiten im Steppstich aneinander, die Naht ist innen. Dort, wo die Mütze geschlossen sein soll, wickelst Du einen Faden etwa 3cm vom Rand entfernt mehrmals fest herum und verknotest den Faden. So entsteht eine Art Bommel.

JULIS PULLOVER

Nachdem die drei Kinder alles bewundert und gelobt hatten, verschwand Juli plötzlich. Fünf Minuten später stand sie genauso überraschend wieder vor den anderen, diesmal mit hochrotem Kopf und einem nigelnagelneuen Pullover. Selbstgestrickt in Kraus rechts.

Die anderen schauten sie ungläubig an. „Ich dachte immer, Frieda ist hier die Streberin", meinte Bruno gerade heraus. „Aber das stellt ja alles in den Schatten!"

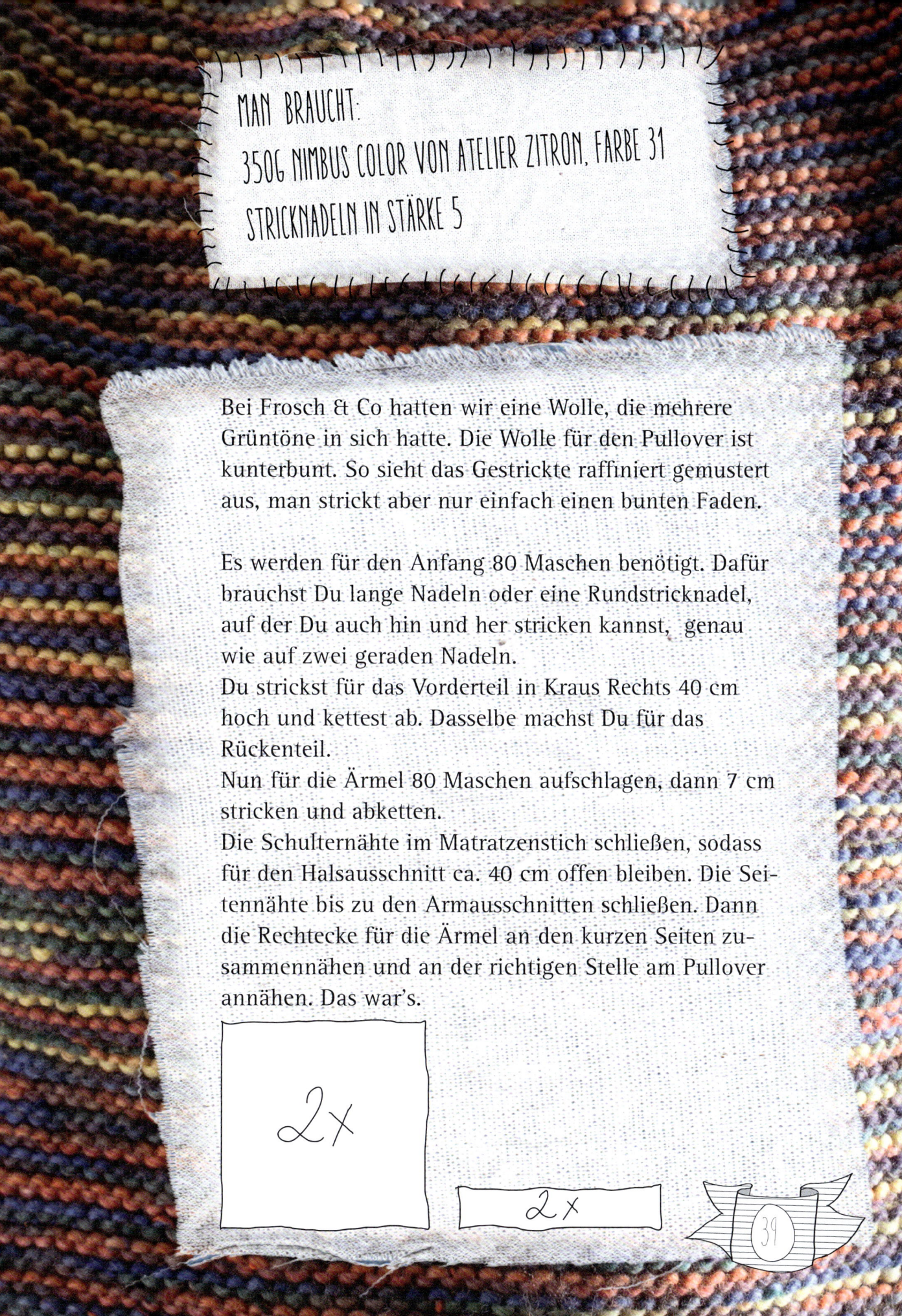

MAN BRAUCHT:

350G NIMBUS COLOR VON ATELIER ZITRON, FARBE 31

STRICKNADELN IN STÄRKE 5

Bei Frosch & Co hatten wir eine Wolle, die mehrere Grüntöne in sich hatte. Die Wolle für den Pullover ist kunterbunt. So sieht das Gestrickte raffiniert gemustert aus, man strickt aber nur einfach einen bunten Faden.

Es werden für den Anfang 80 Maschen benötigt. Dafür brauchst Du lange Nadeln oder eine Rundstricknadel, auf der Du auch hin und her stricken kannst, genau wie auf zwei geraden Nadeln.
Du strickst für das Vorderteil in Kraus Rechts 40 cm hoch und kettest ab. Dasselbe machst Du für das Rückenteil.
Nun für die Ärmel 80 Maschen aufschlagen, dann 7 cm stricken und abketten.
Die Schulternähte im Matratzenstich schließen, sodass für den Halsausschnitt ca. 40 cm offen bleiben. Die Seitennähte bis zu den Armausschnitten schließen. Dann die Rechtecke für die Ärmel an den kurzen Seiten zusammennähen und an der richtigen Stelle am Pullover annähen. Das war's.

$2x$

$2x$

Frieda war wirklich von den Socken. Dass Juli auf einmal so ein Tempo vor-legte – unglaublich!

Aber sie schluckte tapfer und meinte etwas lehrerinnenhaft: „ Sehr schön. Dann wollen wir mal sehen, ob Du auch etwas anderes als **kraus rechts** stricken kannst."

Nun war das Staunen auf Julis Seite, und Bruno kratzte sich nachdenklich am Kopf. „Stimmt eigentlich", brummte er. „Stricksachen sehen ja gar nicht immer so wellenmustermäßig aus. Eigentlich eher glatt, oder?"

„Genau, Du meinst **glatt rechts**. Und dafür braucht man linke Maschen, zu-sätzlich zu den rechten. Wenn man immer eine Reihe rechts strickt und die Rückreihe dann links, dann bekommt man auf der Vorderseite ein glattes Muster, auf der Rückseite ist es noch krauser als **kraus rechts**."

Juli meldete sich zu Wort:„Also, wenn ich eine rechte Masche stricke, dann ist sie vorne glatt und hat hinten einen Buckel, stimmt's? Eine linke Masche hat vorne einen Buckel und ist hinten glatt?"

Bruno rollte ungeduldig mit den Augen: „Ja,ja, links, rechts, vorne, hinten, oben, unten, vor und zurück. Zeig lieber mal, wie es geht!"

„Erinnert Ihr Euch an die Probeläppchen?" fragte Frieda. „Um die linken Ma-schen zu üben, stricken wir einfach nochmal welche. Diesmal wird die Hin-reihe rechts gestrickt und die Rückreihe in links."

„Ich weiß auch schon, was ich daraus mache!", meinte Bruno. „Sag' ich aber nicht." Und schon war er auf und davon.

von hinten

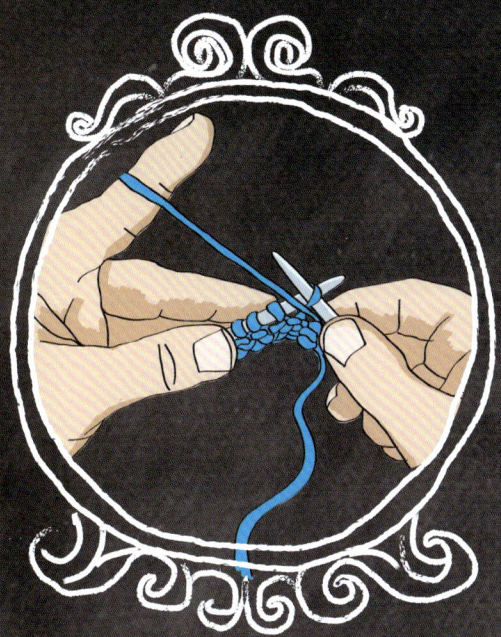

1 Nimm Dein Strickzeug wie gewohnt in die Hand aber lege den Faden nach vorne. Mit der rechten Nadelspitze stichst Du von oben in die nächste Masche.

2 Gehe mit der rechten Nadelspitze etwas unter den gespannten Faden. Mit dem linken Zeigefinger legst Du den Faden um die Nadel herum, sodass Du ihn durch die Masche hindurch ziehen kannst.

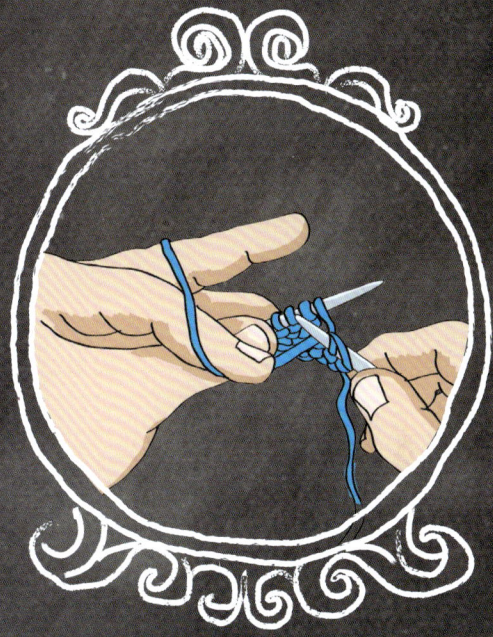

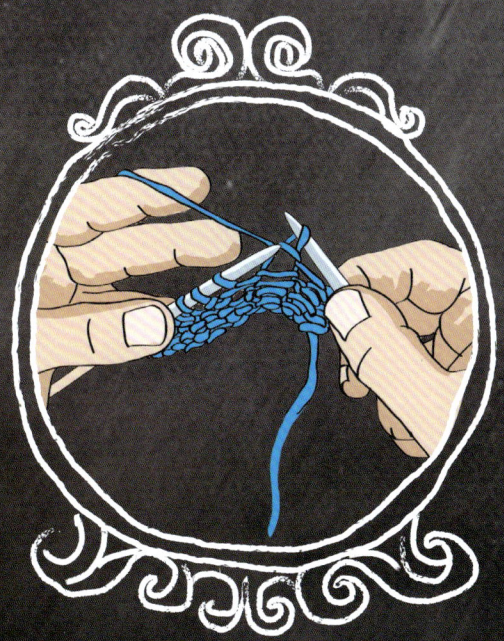

3 Damit hast Du jetzt eine neue Masche geschaffen, sie ist auf der rechten Nadel. Die alte Masche muss auch noch von der linken Seite herunterrutschen, dann ist die erste linke Masche geschafft. Stricke diese Reihe links, die nächste rechts und immer so weiter.
Nochmal zur Erinnerung: das heißt dann glatt rechts.

WÄRMFLASCHE

MAN BRAUCHT:

50 G NIMBUS COLOR VON ATELIER ZITRON

FARBE 35, STRICKNADELN IN STÄRKE 5, 1 KLEINE WÄRMFLASCHE

Du schlägst 30 Maschen auf und beginnst mit einer Reihe rechter Maschen. Die Rückreihe wird dann links gestrickt, die Hinreihe rechts usw., also glatt rechts.
Nach 40 cm Reihen abketten und die Seitennähte sowie die „Schulternähte" schließen.
Dann für den Schal 10 Maschen aufschlagen und in kraus rechts wiederum 40 cm stricken, abketten und um den Hals der Wärmflasche legen. Es reicht, wenn Du ihn mit einigen Stichen festnähst.

Jonglier-Bälle

MAN BRAUCHT: 30 G TREKKING 6FACH VON ATELIER ZITRON, FARBE 1846, STRICKNADELN IN STÄRKE 3, 2 HÄNDE VOLL BRAUNE LINSEN

Für jeden Ball brauchst Du 2 gestrickte Quadrate, die jeweils 22 Maschen breit sind. Zum Zusammennähen mit dem Matratzenstich legst Du sie so aufeinander, dass die Reihen bei dem einen Quadrat quer verlaufen, bei dem anderen längs. Die „schönen Seiten" sind natürlich außen.

Vor dem Schließen der vierten Naht füllst Du die Linsen ein und klappst dann die offenen Seiten so aneinander, dass die schon geschlossenen Nähte in der Mitte aufeinanderstoßen. Jetzt schließt Du die vierte Naht. Die anderen beiden Bälle genauso fertigstellen. Ach ja, die Linsen sind natürlich nicht gekocht...

SO VIELE MUSTER

Frieda hatte in der Zwischenzeit in ihrem Schrank gekramt und einige Sachen mitgebracht, die sie oder ihre Mutter in den letzten Jahren gestrickt hatten.

Da kam einiges zusammen! Dabei hatte sie nur solche Muster herausgesucht, die ausschließlich aus rechten und linken Maschen gestrickt waren, also keine komplizierten Muster.

„Wenn man rechte und linke Maschen kombiniert, kommen die verschiedensten Muster heraus.
Hier schaut mal!"

„Aber das hier ist ja komisch, der Schal hier sieht aus wie glatt rechts – aber auf beiden Seiten gleich! Wie geht das denn?", fragte Bruno.
Bruno nahm den Schal genauer unter die Lupe. „Ha! Ich hab's!
Das sind eine rechte und eine linke Masche im Wechsel. Echt guter Trick, Frieda!"
„Naja, ist eigentlich nichts Neues. Man strickt Schals oft so, weil man da gerne beide Seiten gleich haben möchte. Und weil sich bei **eins rechts eins links** die Maschen sehr zusammen ziehen, sieht man auf beiden Seiten mehr die rechten Maschen."

Der Schal ist 40 Maschen breit eins rechts eins links gestrickt. Die 200g reichen für ca. 180 cm.

46

SCHAL

MAN BRAUCHT:

200 G NON PLUS ULTRA VON
ATELIER ZITRON, FARBE 50
STRICKNADELN IN STÄRKE 5

47

„WAS IST DENN DAS FÜR EIN SCHARFES TEIL?" JULI KÄMPFTE IHREN KOPF DURCH EIN FEDERLEICHTES STRICKTEIL. „SIEHT GANZ SCHÖN KOMPLIZIERT AUS."

„QUATSCH, DAS IST TOTAL EINFACH, BESTEHT NUR AUS RECHTECKEN."

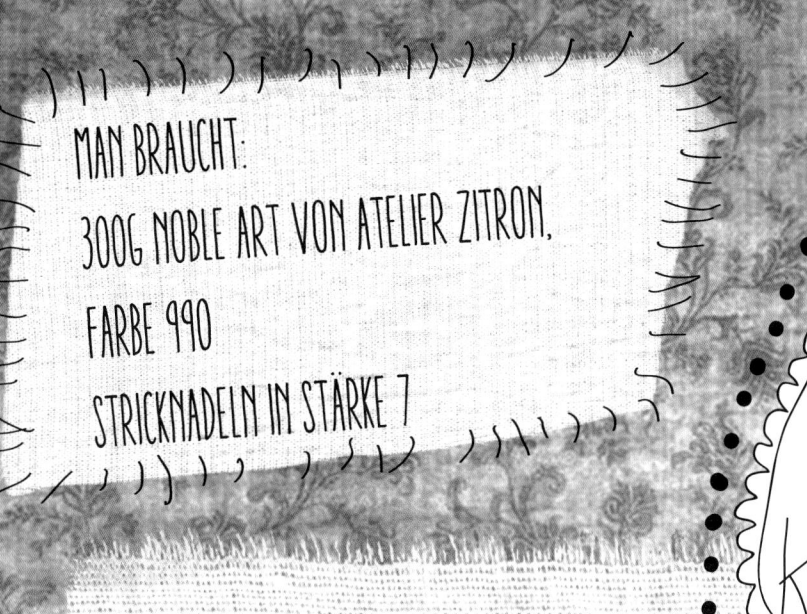

MAN BRAUCHT:

300G NOBLE ART VON ATELIER ZITRON,

FARBE 990

STRICKNADELN IN STÄRKE 7

SCHACHBRETTMUSTER

Beim Schachbrettmuster ergeben die rechts
und links gestrickten Maschen ein Quadratmuster. Die Quadrate
sind 5 Maschen breit und 6 Reihen hoch. Man nimmt also eine
Maschenzahl, die durch 5 teilbar ist plus Randmaschen.
1. Reihe: Randmasche *5 Ma rechts, 5 Ma links* immer wiederholen, am Schluss Randmasche.
2.Reihe: alle Maschen so stricken, wie sie erscheinen, also wenn
Du in der Vorreihe einen Buckel siehst, dann muss links gestrickt
werden, wenn es glatt aussieht, dann ist rechts zu stricken.
Reihe 1 und 2 noch 2x wiederholen, also insgesamt sind das
dann 6 Reihen. Dann wieder mit der 1. Reihe beginnen, nun
aber zuerst 5 Ma links, dann 5 Ma rechts, also genau umgekehrt.
Wieder 6 Reihen stricken und dann wieder umgekehrt, auf die
Art entstehen die abwechselnden Quadrate.

Der Poncho besteht aus drei Teilen, zwei gleich großen Rechtecken und einem schmalen Streifen für den Kragen. Für die
Rechtecke werden 42 Maschen aufgenommen und ca. 50 cm gestrickt. Der Kragenstreifen ist 72 Maschen breit und 18 Reihen
hoch.
Wenn alle Teile fertig sind, nähst Du die beiden Rechtecke so
zusammen, dass ein Halsausschnitt bleibt, der 25 cm lang
ist. Dann wird der schmale Streifen an den Halsausschnitt
genäht und am Ende geschlossen. Am besten nimmst Du
den Matratzenstich.

„Aber das hier ist mein absolutes Lieblingsstück: ein Loop!" Frieda schlang sich einen bunten Schal um den Hals.

„Luub? Was ist denn das für ein komisches Wort?", fragte Bruno.

„Loop ist Englisch und heißt Schlinge oder Schlaufe. Ist eben moderner als Rundschal...

Das Muster heißt „falsches Patent" und besteht auch nur aus rechten und linken Maschen. Es gibt auch ein „richtiges Patent", das ist schwieriger.

Und noch eine gute Nachricht für Dich, Bruno: es gibt keine einzige Naht!"

„Ja klar", erinnerte sich Bruno. „Da gab es doch diese Nadeln mit der Schnur in der Mitte. Die heißen ja Rundstricknadeln. Damit strickt man nicht hin und her, sondern in der Runde. Ist doch logisch!"

MAN BRAUCHT:

150G NIMBUS COLOR VON ATELIER ZITRON, FARBE 30

RUNDSTRICKNADELN IN STÄRKE 5, LÄNGE CA 80CM

1 SICHERHEITSNADEL

Du schlägst 200 Maschen auf und verteilst die Maschen schön gleichmäßig
auf der Nadel, sie müssen von einer Spitze bis zur anderen
reichen. Die Spitze mit dem Faden nimmst Du dann in die rechte
Hand und strickst die erste Masche von der linken Spitze ab und ziehst sie
vorsichtig etwas zusammen, damit sich die Runde schließt. Es gibt hier
keine Randmaschen! Dann immer so weiter. Damit Du den Anfang
wiederfindest, markierst Du die erste Masche mit einer Sicherheitsnadel.
Achtung: die Maschen nicht verdrehen, alle in dieselbe Richtung!!

Nun das Muster falsches Patent:
1. Reihe: *3 Ma rechts, 1 Ma links, ab * immer wiederholen
2. Reihe: 1 Ma links, 1 Ma rechts, * 3 Ma links, 1 Ma rechts, ab * immer
wiederholen. Aufgepasst, diese Reihe endet mit 2 Ma links,
denn dort ist die markierte erste Masche.
Reihe 1 und 2 immer abwechselnd stricken und dann die
Maschen locker abketten.

„Alles klar, immer in der Runde stricken ist 'ne feine Sache", musste Bruno zugeben. „Aber mal angenommen, ich will ganz kleine Runden stricken, da steh' ich mit den langen Rundstricknadeln doch dumm da, oder?"

Frieda überlegte kurz und kramte eine Weile in den Nadelvorräten herum, bevor sie Bruno die Lösung des Problems vor die Nase hielt: ein Nadelspiel!

Bruno nahm zwei der fünf Nadeln und fuchtelte damit herum. „Damit kann man doch höchstens chinesisch essen, Frieda!"

„Kann man machen", nickte Frieda. „Oder auch Socken stricken, Pulswärmer, Stulpen und noch viel mehr. Pass mal auf."

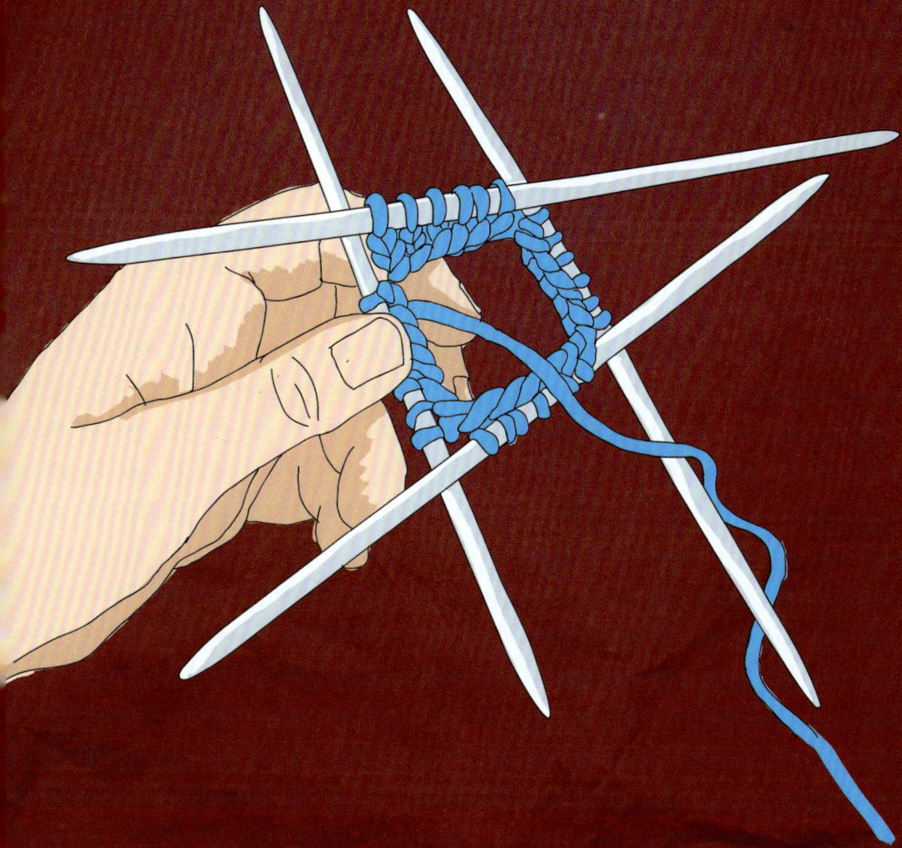

Zuerst musst Du Dir überlegen, wie viele Maschen Du brauchst. Die Anzahl sollte durch 4 teilbar sein. Du schlägst dann auf einer der Nadeln ¼ der Maschen auf, dabei nimmst Du wie immer eine zweite Nadel zur Hilfe, die Du dann wieder vorsichtig herausziehst, wenn die Maschen fertig aufgeschlagen sind.

Dann kommt die nächste Nadel dran, hier kommt wieder ¼ der Maschen drauf. Pass auf, dass die erste Masche sich eng an die letzte der ersten Nadel anfügt, sonst gibt es ein Loch. So geht es weiter, bis alle Maschen auf 4 Nadeln verteilt sind.

Jetzt kommt der Moment, wo das Ganze in die Hose gehen kann, Achtung! Die Maschen dürfen sich nämlich nicht verdrehen, sondern alle in dieselbe Richtung liegen. Dann kannst Du die erste und die letzte Masche zusammen führen, die erste Masche abstricken und vorsichtig den Kreis etwas zusammenziehen. Und dann geht es los, immer im Kreis herum.

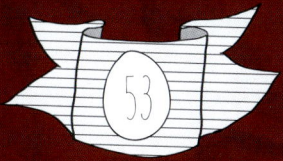

Auf einem Nadelspiel kann man natürlich alle möglichen Muster stricken.

Wir bleiben erst einmal bei **2re 2li**. Das ist ein Muster, das sich ganz prima zusammenzieht, darum nimmt man es gerne auch für Bündchen von Pullovern. Und es passt hervorragend zu allem, was eng anliegen soll an Armen, Beinen, Hals oder Kopf.

Bei den nächsten drei Modellen wurde Sockenwolle verwendet, immer in derselben Stärke. Es gibt ganz bunt gemusterte Sockenwolle, manche ergeben ganz wilde Muster, andere ordentliche Streifen. An den Stulpen siehst du, wie dasselbe Muster unterschiedlich wirken kann, je nach Art der Wolle.

PULSWÄRMER

MAN BRAUCHT:

50G TREKKING 6FACH VON ATELIER ZITRON, FARBE 1856, NADELSPIEL IN STÄRKE 3

48 Maschen anschlagen, also 12 auf jeder Nadel. Dann gleich in der ersten Reihe im Muster 2re 2li stricken, immer in der Runde. In 22 cm Länge locker abketten.

STULPEN

MAN BRAUCHT:

120G TREKKING 6FACH VON

ATELIER ZITRON, FARBE 1846

NADELSPIEL IN STÄRKE 3

72 Maschen anschlagen, also 18 auf jeder Nadel. Auch hier ab der ersten Reihe im Muster 2re 2li stricken. In 43 cm Länge locker abketten.

MAN BRAUCHT:

110G TREKKING 6FACH VON ATELIER ZITRON,
FARBE 1801, NADELSPIEL IN STÄRKE 3,5

72 Maschen anschlagen, also 18 auf
jeder Nadel. Wieder ab der ersten
Reihe im Muster 2re 2li stricken. In
38 cm Länge locker abketten. Die
Stulpen sind mit etwas dickeren
Nadeln gestrickt und liegen nicht
ganz so fest an, man kann sie lässig
zusammenschieben.

Mittlerweile war die Woll-Sammlung der Freunde schon ziemlich geschrumpft. Ein Blick in die Kiste zeigte Frieda, dass nur noch angefangene Knäule und Reste übrig waren. Aber genau das war die richtige Herausforderung für Juli. „Es ist wie beim Kochen, aus Resten etwas zu zaubern ist spannend, man weiß vorher nie, was am Ende dabei rauskommt!"

Sie kramte alle Reste heraus, die in etwa zu Nadelstärke 4-6 passten. „Das wird ein toller, kunterbunter Schal, Ihr werdet staunen!" Weg war sie.

Frieda betrachtete nachdenklich die übrigen Reste. Fast alles war Sockenwolle, also ganz dünnes Garn. Nö, das war nicht fair. Was sollte man denn daraus stricken?

Missmutig ging sie nach Hause und grübelte die halbe Nacht, was sie Besonderes aus den dünnen Resten zaubern könnte. Die anderen sollten staunen, soviel war sicher.

Am nächsten Morgen war die Idee da – und damit auch die gute Laune. Ein neues Muster würde sie heute probieren, sie hatte es mal in einer Zeitschrift gesehen.

Bruno hingegen nutzte die Zeit auf seine Art: zum Faulenzen.
Als sich die Freunde nach einigen Tagen wieder trafen, lehnte er sich
genüsslich zurück und bewunderte die Reste-Werke von Frieda und Juli.
Mit fachmännischem Blick gab er sein Urteil ab: „Mädels, das habt Ihr
super gemacht, keine Frage. Aber wisst Ihr, was am besten an beiden Teilen
ist? Na? DASS MAN KEINE FÄDEN VERNÄHEN MUSS!"

SCHAL aus RESTEN

MAN BRAUCHT:

CA. 300G RESTE VON Z.B. NIMBUS COLOR,

NOBEL ART, OPUS 1 UND LUV&LEE

VON ATELIER ZITRON,

LANGE RUNDSTRICKNADELN IN STÄRKE 5

Der Schal wird längs gestrickt. Für eine Länge
von ca. 2m braucht man 250 Maschen. Diese
werden in kraus rechts gestrickt, immer Hin- und
Rückreihe in einer Farbe und dann wechseln
zur nächsten Farbe. Somit bleiben auf einer der
schmalen Seiten des Schals die Fadenenden hän-
gen.
Nach ca. 22 cm die Maschen locker abketten.
Die Fadenenden sichern, indem immer zwei
benachbarte miteinander verknotet werden, fertig sind die Fransen. Auf der anderen schmalen
Seite Fadenreste als Fransen anknoten, auf die
gewünschte Länge zurechtschneiden.

Webmuster

1. Reihe: Randmasche, *1 Ma re,
1 Ma abheben (der Faden liegt
vor der Masche) *
Randmasche
2. Reihe: Randmasche, *1 Ma li,
1 Ma abheben (der Faden liegt
hinter der Masche) *
Randmasche
(Masche abheben heißt: nur von
der linken auf die rechte Nadel
heben ohne zu stricken.)

Es werden 50 Maschen benötigt
und dann jeweils 4 Reihen im
Grundmuster gestrickt. Die Fäden
beginnen und enden alle auf
derselben Seite. Die Länge
des Strickstücks richtet
sich nach dem Kopfum-
fang, also immer mal anpro-
bieren. Dann abketten und die
kurzen Seiten im Matratzenstich
aneinander nähen.
Alle Fadenenden jeweils mit den
Nachbarenden verknoten. Zum
Schluss auf der Seite mit den
Fäden unterhalb der Randmaschen einen festen Faden hindurch fädeln und mit diesem die
Mütze oben zusammen ziehen.
Die Fadenenden so kürzen, dass
es einen schönen Puschel
ergibt.

MÜTZE aus RESTEN

MAN BRAUCHT:
CA 100G RESTE, Z.B TREKKING
6FACH VON ATELIER ZITRON
STRICKNADELN IN STÄRKE 3

In diesem Buch ist alles für die Kleidergröße 164 beschrieben. Die Stricksachen für die Modenschau kannst Du leicht etwas vergrößern oder verkleinern.
-bei Brunos Pullover einen Streifen mehr oder weniger,
-bei Julis Rock kannst Du leicht Breite oder Länge variieren,
- Friedas Jacke hat nur ¾ lange Ärmel und ist weit geschnitten, die passt auch einer Nummer größer

Wenn Du ein Kleidungsstück strickst, sollte es ja gut passen. Aber selbst wenn Du nach einer Anleitung strickst, ist das nicht unbedingt sicher! Damit es am Ende keine Enttäuschung gibt, solltest Du vorher eine Maschenprobe machen.
Auf der Banderole oder in der Anleitung ist meistens eine Maschenprobe angegeben. Da nun aber nicht jeder Mensch gleich fest strickt, wird die Maschenprobe nur selten genau stimmen.
Am besten machst du folgendes: angenommen, auf der Banderole steht, dass man für ein Quadrat von 10 cm 25 Maschen und 39 Reihen braucht, vorgeschlagene Nadelstärke ist 3,5.
Mit genau diesen Nadeln strickst Du jetzt ein Quadrat, aber aus 30 Maschen und entsprechend vielen Reihen. Du strickst in dem Muster, das Du für Dein Strickwerk brauchst. Dieses Quadrat müsste ja eigentlich etwas größer sein als die angegebene Maschenprobe. Deshalb kannst Du jetzt etwas vom Rand entfernt messen, wie viele Maschen Du für ein 10 cm Quadrat gebraucht hast.
Solltest Du merken, dass Deine Maschenprobe größer oder kleiner ist als die vorgegebene, probierst Du es nochmal mit dünneren oder dickeren Nadeln.

Ach ja, und wenn Du in der Anleitung eine andere Maschenprobe findest, als auf der Banderole? Gibt's nicht? Doch, das gibt es häufig. Nimm lieber diejenige von der Anleitung.

ZUSAMMENSTRICKEN

Bei den meisten Kleidungsstücken wirst Du nicht
nur gerade Stücke stricken. Wenn ein Teil schmaler
oder breiter werden soll, musst Du Maschen ab- oder zunehmen.

Für das Abnehmen hast Du schon eine Methode gelernt,
nämlich das Abketten. Manchmal passt es aber besser, wenn Du
einfach aus zwei Maschen eine machst, also zwei Maschen
zusammen strickst.
Eigentlich machst Du dabei nichts anderes, als beim
ganz normalen Stricken einer Masche, nur dass Du jetzt
die nächste und die übernächste Masche gleichzeitig
auf die Nadel nimmst und abstrickst. Das geht übrigens
rechts genauso wie links.

ZUNEHMEN

Die einfachste Art, mehr Maschen auf die Nadel zu bekommen, ist das Verdop-
peln einer Masche. Du strickst die Masche einmal ganz normal, lässt sie aber auf
der Nadel und strickst aus dem hinteren Faden der Masche noch eine neue Masche.
Es gibt noch andere Arten, Maschen zuzunehmen – aber für den Anfang bleib
ruhig bei dieser Methode.

Aufschlingen und Maschen auffassen

Es kommt vor, dass man mehrere Maschen gleichzeitig zunehmen muss. Das kann am Rand eines Strickteils sein oder bei einem Knopfloch. Das geht so:

Du hältst den Faden in der linken Hand (siehe Bild).
Jetzt gehst Du mit der Nadel von unten unter den Faden, nimmst die Finger weg und ziehst die Schlinge fest.
Auf die Art hast Du ruckzuck jede Menge neue Maschen.

Bei manchen Strickstücken näht man nicht ein Teil an das andere, sondern man strickt es an. Stell Dir z.B. einen Rollkragen vor, der wird an den fertigen Halsausschnitt angestrickt. Die Maschen dafür werden aus den abgeketteten Maschen der fertigen Teile heraus gestrickt. Man nennt das „auffassen".

Dafür stichst Du mit der Nadelspitze in die abgekettete Masche ganz rechts, holst den Faden und ziehst ihn durch. So geht es Masche für Masche weiter.
Das funktioniert übrigens auch bei den Randmaschen an der Seite, hier würde man aber jede vierte Randmasche auslassen, sonst passt es nicht.

Und noch etwas: manchmal werden die Maschen für den Kragen an Vorder- und Rückenteil gar nicht erst abgekettet, sondern stillgelegt. Dann reicht es, einfach die Maschen auf die Nadel zu schieben und daraus den Kragen zu stricken.

UUUUPS!

Kaum war der ganze Woll-Berg verstrickt, plagte Frieda ein schlechtes Gewissen. „Ich muss Euch etwas beichten", fing sie verlegen an. „Bei den meisten Sachen, die ich Euch vorgeführt habe, gab es einen Fehler oder sogar mehrere. Das habt Ihr nur nicht gemerkt, weil ich sie vertuscht habe."

„Pffff , wie witzig", Bruno konnte sich das Lachen nicht verkneifen. „Da warst Du sicher nicht die einzige. Nobody is perfect!"

„Also mein Lieblingsfehler ist: falsche Masche stricken", gab Juli zu. „Oder Löcher an der falschen Stelle. Aber da kann man doch was draus machen, oder?"

68

DUNKLE GEHEIMNISSE

„Und die vielen Maschen, die mir zwischendurch heruntergefallen sind, habe ich mit einer Häkelnadel gerettet, davon sieht man gar nichts mehr", beendete Juli das Thema.

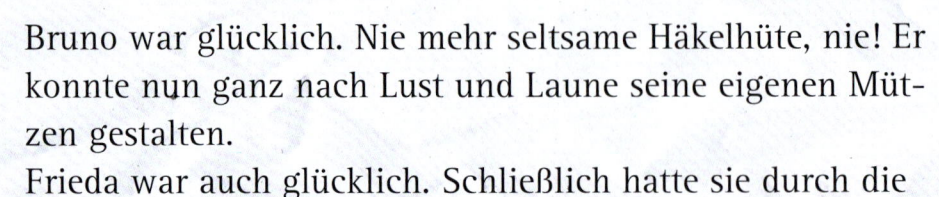

Bruno war glücklich. Nie mehr seltsame Häkelhüte, nie! Er konnte nun ganz nach Lust und Laune seine eigenen Mützen gestalten.

Frieda war auch glücklich. Schließlich hatte sie durch die Strickerei neue Freunde gefunden.

Juli war auch glücklich.

NEIN.

Juli kam hereingestürmt, roter Kopf, schnaubend vor Wut, in der Hand eine zerfledderte Schülerzeitung.

„Hier, guckt Euch das mal an!" Sie hielt den anderen eine Karikatur vor die Nase.

„Aber mal im Ernst, denen müssen wir es zeigen!"
„Und ich weiß auch schon, wie", meldete sich Frieda. Sie tippte auf eine andere Seite der Zeitung. „Das wird unser Auftritt!"
„Was denn, die Modenschau? Da sollen wir mitmachen? Da sind doch immer nur die schicken Miezen vom Schulnähkurs." Bruno tippelte auf und ab und machte die allerschönsten Modenschau-verrenkungen.
Alle bogen sich vor Lachen und brauchten eine Weile, um wieder einen klaren Gedanken zu fassen. Juli sprach aus, was alle dachten: „Wir machen mit. Hier steht, dass sich jeder anmelden kann bis nächste Woche. Die Modenschau findet beim Schulfest in 6 Wochen statt, bis dahin bekommt jeder von uns ein Teil fertig."
Frieda nickt beifällig und man sah ihr an, dass sie schon über das passende Strickwerk grübelte. Und als Bruno dann meinte „....und ich bin dann der erste Mann auf der Schulmodenschau", ging das Gelächter von vorne los.
„Na denn!", rief Juli, „Auf die Plätze – fertig – STRICK!"

11

72

SCHAU

73

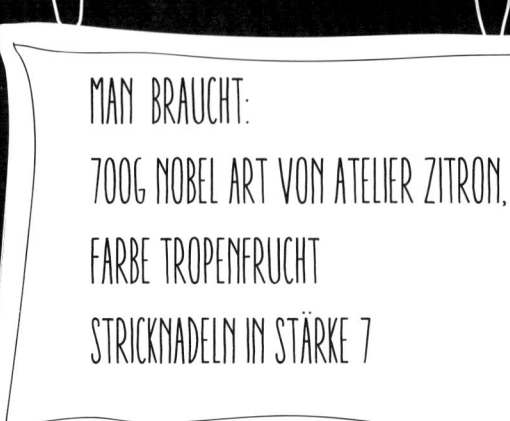

MAN BRAUCHT:

700G NOBEL ART VON ATELIER ZITRON,

FARBE TROPENFRUCHT

STRICKNADELN IN STÄRKE 7

Grundmuster: Großes Perlmuster

1. Reihe: Randmasche, *2 Ma re, 2 Ma li, * Randmasche
2. Reihe: Randmasche, *2 Ma li, 2 Ma re, * Randmasche
3. Reihe: Randmasche, *2 Ma li, 2 Ma re, * Randmasche
4. Reihe: Randmasche, *2 Ma re, 2 Ma li, * Randmasche

Maschenprobe

Rückenteil:

Du nimmst 60 Maschen auf und strickst im Grundmuster 30 cm hoch. Dort beginnt die Abnahme für die Armausschnitte. Denk dran, Du musst auf beiden Seiten abnehmen, also zuerst bei der Hinreihe und dann dieselbe Maschenzahl bei der Rückreihe.

Die Abnahmen für den Armausschnitt: beidseitig 1x 5 Ma, 1x3 Ma, 1x2 Ma, 1x1 Ma. Damit hast Du insgesamt 22 Ma abgekettet. Pass auf, das Grundmuster passt jetzt nicht mehr richtig. Aber inzwischen kannst Du sicher erkennen, welche Maschenart als nächstes dran ist.

Stricke die restlichen Maschen weiter bis auf die Höhe von 44 cm. Dort teilst Du das Strickteil, indem Du bis zur Mitte strickst. Jetzt kommt die Schulter mit dem Halsausschnitt, und dabei werden rechte und linke Seite bis zur Schulternaht getrennt beendet.

Zuerst die linke Schulter: von der Mitte aus nimmst Du für den Halssauschnitt 1x6 Ma und 3x1 Ma ab. Dann kettest Du die restlichen 10 Ma locker ab.

Die rechte Schulter wird von der Mitte aus gegengleich gearbeitet.

Rechtes Vorderteil (linkes Vorderteil genau gegengleich):
Hierfür brauchst Du 50 Maschen und bis zum
Armausschnitt sind es wieder 30 cm. Aufgepasst,
jetzt natürlich nur auf der rechten Seite für den
Armausschnitt abnehmen, die restlichen
39 Maschen bis auf 44 cm hochstricken.
Jetzt werden auf der linken Seite
(also nicht da, wo der Armausschnitt ist)
die ersten 20 Maschen stillgelegt. Dazu
ziehst Du am besten einen dicken Faden
durch und knotest ihn zu, damit bloß
keine runterfällt!
Mit den restlichen Maschen fängst
Du dann gleich den Halsausschnitt an
und beendest das Teil genau wie das
Rückenteil.

Ärmel:
Beide Ärmel werden genau gleich gestrickt.
Du brauchst jeweils 40 Maschen, die Du wieder im Grundmuster strickst. In
jeder 12. Reihe nimmst Du beidseitig 1Ma zu. Wenn der Ärmel 33 cm lang ist,
beginnen die Abnahmen für die Armkugel. Dafür nimmst du wieder auf beiden
Seiten ab, und zwar: 1x5, 1x3, 1x2, 7x1, 1x3 und dann die restlichen Maschen.

Fertigstellung: Du schließt die Seiten- und die Schulternähte und die Ärmel.
Dann nähst Du die Ärmel an die Armausschnitte. Für alle Nähte eignet sich
der Matratzenstich. Pass auf, dass die Mitte der Armkugel genau an der Schulternaht sitzt. Jetzt kommt der Kragen: Zuerst fädelst Du die stillgelegten Maschen eines Vorderteils auf Deine Nadel. Als nächstes hast Du die abgeketteten
Maschen aus dem Halsausschnitt vor Dir. Daraus fasst Du jetzt Maschen auf,
bis Du am anderen Ende wieder die stillgelegten Maschen auf die Nadel nehmen kannst. Insgesamt sind jetzt 90 Maschen auf der Nadel, die Du 8cm im
Grundmuster strickst und dann locker abkettest. Wenn Du die Jacke auch gerne geschlossen tragen möchtest, kannst Du noch Bänder an der
entsprechenden Stelle anbringen oder Du nimmst eine Ansteck-
nadel.

MAN BRAUCHT:

100G LUV & LEE VON ATELIER ZITRON, JEWEILS IN DEN FARBEN
303, 306, 307, 308, 311, 314, 315, 319
(FALLS DER PULLI EINFARBIG GESTRICKT WIRD,
BRAUCHT MAN NUR INSGESAMT 500G)
RUNDSTRICKNADEL IN STÄRKE 5
(DIE RUNDSTRICKNADEL WIRD NUR AM SCHLUSS BENÖTIGT, FÜR DEN
HAUPTTEIL KANN MAN SIE ENTWEDER AUCH NEHMEN ODER LANGE
NADELN BENUTZEN)

BrunoS Ringel Pulli

Maschenprobe

in glatt rechts ergeben
18 Maschen X 27 Reihen ein Quadrat von 10 X 10 cm

Grundmuster

Hinreihe * 4 Ma re, 1 Ma li *
Rückreihe wie die Maschen erscheinen, also * 4 Ma li, 1 Ma re *

Betonte Abnahmen (über die ersten und die letzten 4 Maschen einer Reihe):

Rechter Rand: Rand-Ma, 1 Ma rechts, 1 Ma wie zum rechts stricken abheben,
1 Ma rechts, die abgehobene Ma über diese Ma drüber heben.
Linker Rand: 2 Ma rechts zusammenstricken, 1 Ma rechts, Rand- Ma.
Rückenteil: Du benötigst 90 Ma und strickst im Grundmuster 6 Reihen. Dann
wechselst Du zur nächsten Farbe usw. Nach der letzten Farbe beginnst Du wieder
mit der ersten.

Nach 34 cm beginnen die Abnahmen für den Ärmelausschnitt: In der nächsten Hin- und Rückreihe werden die jeweils ersten 3 Ma abgekettet. Danach folgen in jeder Hinreihe auf beiden Seiten die betonten Abnahmen. Auf diese Art wird jede Hinreihe 2 Ma kürzer als die vorige. Die Abnahmen enden, wenn noch 32 Ma auf der Nadel sind, Dein Strickstück ist dann 55 cm lang.

Die 32 Ma nicht abketten sondern auf einen Faden ziehen und verknoten, damit keine Ma verloren geht, wir brauchen sie später wieder.

Vorderteil: genauso wie das Rückenteil

Ärmel: Der Ärmel beginnt mit 50 Ma in der ersten Farbe. Die Reihenfolge der Farben ist dieselbe wie bei den anderen Teilen. In jeder 6. Reihe muss nun beidseitig 1 Ma zugenommen werden, damit der Ärmel nach oben hin breiter wird. Dafür strickst Du die 2. und die vorletzte Masche der Reihe doppelt: re abstricken aber die Masche auf der Nadel lassen, den Faden davor legen und nochmals links abstricken.

Auf diese Art strickst Du den Ärmel 34 cm hoch, um dann mit den Abnahmen zu beginnen, genau wie bei den anderen Teilen. Zunächst also beidseitig 3 Ma, dann die betonten Abnahmen, bis noch 18 Ma auf der Nadel sind. Auch diese werden auf einen Faden gezogen und stillgelegt.

Den anderen Ärmel strickst Du genauso.

Fertigstellung: Alle Nähte im Matratzenstich schließen, dabei als erstes die Ärmel an Vorder- und Rückenteil nähen. Dann müssen die stillgelegten Maschen auf die Rundstricknadel gezogen werden. Pass auf, dass sich die Maschen nicht verdrehen oder herunterfallen. Die Maschen im Muster 1li,1re über 4 Reihen stricken und dann abketten.

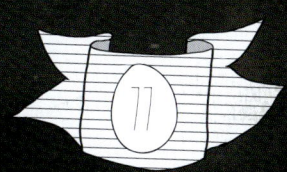

MAN BRAUCHT:

FARBE 1: 200G UNISONO VON ATELIER ZITRON, FARBE 1186

FARBE 2: 100G UNISONO VON ATELIER ZITRON, FARBE 1255

RUNDSTRICKNADEL IN STÄRKE 3

(DIE RUNDSTRICKNADEL WIRD NUR AM SCHLUSS BENÖTIGT, FÜR DEN HAUPTTEIL KANN

MAN SIE ENTWEDER AUCH NEHMEN ODER LANGE NADELN BENUTZEN)

Grundmuster 1 : kraus rechts, also Hin- und Rückreihe
rechts gestrickt

Grundmuster 2 : glatt rechts, also Hinreihe rechts,
Rückreihe links gestrickt

Maschenprobe : Du beginnst mit 80 Maschen in Farbe 1 und
Grundmuster 1 und strickst 6 Reihen, das ergibt
3 Rippchen. Dann kommt Farbe 2 und Grundmuster 2 dran, hier benötigst Du 4 Reihen.

Diese beiden Muster werden immer abwechselnd gestrickt, bis das Teil ca. 88 cm
lang ist. Auf jeden Fall musst Du mit Grundmuster 2 enden und dann abketten.
Nähe Anfang und Ende des Teils mit dem Matratzenstich zu einem Schlauch zusammen.

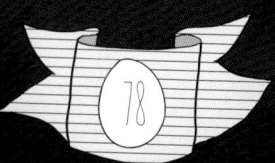

Julis schicker ROCK

Nun kommt der Bund. Die Maschen
dafür strickst Du mit der Rundstricknadel aus den Randmaschen des
fertigen Teils heraus. Du musst dafür
die Nadel durch die Randmasche hindurch stechen und den Faden holen.
Auf diese Art bekommst Du wieder
Masche an Masche auf Deine Nadel.

Achtung: Es werden nur aus den
krausen Reihen Maschen heraus
gestrickt, die glatten Reihen werden
übersprungen, sonst werden es zu
viele Maschen.
Die aufgenommenen Maschen werden
in glatt rechts in der Runde gestrickt, also einfach immer nur
rechts stricken, und zwar 13 Reihen. Dann folgen eine Reihe
links und nochmals 12 Reihen rechts.
Abketten, den Bund nach innen klappen und fest nähen.
Nach Bedarf könnte hier auch ein Gummiband eingezogen
werden.

MAN BRAUCHT:

100G EINHUNDERT VON ATELIER ZITRON, FARBE 602

NADELSPIELE IN STÄRKE 6 UND 7

Grundmuster: *3 Ma re, 2 Ma li* immer wiederholen

Mit Nadelstärke 6 werden 60 Maschen auf vier Nadeln verteilt angeschlagen, also jeweils 15 Maschen. Zur Runde schließen und 8 Runden im Grundmuster stricken, dann zu den dickeren Nadeln wechseln und weitere 18 Runden stricken = 26 Runden.

In Runde 27 folgen die ersten Abnahmen. Dafür jeweils die 2. und die 3. rechte Masche rechts zusammenstricken, dann bleiben übrig: *2 Ma re, 2 Ma li*.

Noch 4 Runden stricken = 31 Runden.

In Runde 32 wieder abnehmen, jetzt werden jeweils die beiden linken Maschen links zusammen gestrickt. Jetzt bleiben übrig: *2 Ma re, 1 Ma li *.

Noch 2 Reihen stricken = 34 Runden

In Runde 35 wieder abnehmen, jetzt werden jeweils die beiden rechten Maschen rechts zusammen gestrickt. Jetzt bleiben übrig: *1 Ma re, 1 Ma li *.

Noch 1 Reihe stricken = 36 Runden

In Runde 37 wieder abnehmen, jetzt werden jeweils 2 Maschen rechts zusammen gestrickt.

Den Faden 10 cm lang lassen und abschneiden, mit einer Sticknadel durch die verbleibenden 12 Maschen hindurchziehen, vorsichtig zusammen ziehen und vernähen.

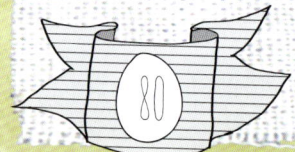

LILA MÜTZE

MAN BRAUCHT:

100G EINHUNDERT VON ATELIER ZITRON, FARBE 600

NADELSPIEL IN STÄRKE 6 UND 7

Grundmuster: *2 Ma re, 2 Ma li* immer wiederholen

Mit Nadelstärke 6 werden 64 Maschen auf vier Nadeln verteilt angeschlagen, also jeweils 16 Maschen. Zur Runde schließen und 10 Runden im Grundmuster stricken, dann zu den dickeren Nadeln wechseln und weitere 16 Runden stricken = 26 Runden.

In Runde 27 folgen die ersten Abnahmen. Dafür jeweils die beiden linken Maschen links zusammenstricken, dann bleiben übrig: *2 Ma re, 1 Ma li*. Noch 5 Runden stricken = 32 Runden.

In Runde 33 wieder abnehmen, jetzt werden jeweils die beiden rechten Maschen rechts zusammen gestrickt. Jetzt bleiben übrig: *1 Ma re, 1 Ma li *. Noch 1 Reihe stricken = 34 Runden

In Runde 35 wieder abnehmen, jetzt werden jeweils 1 rechte und 1 linke Masche rechts zusammen gestrickt.

In Runde 36 die letzten Abnahmen: jeweils 2 rechte Maschen zusammenstricken. Den Faden 10 cm lang lassen und abschneiden, mit einer Sticknadel durch die verbleibenden 8 Maschen hindurch ziehen, vorsichtig zusammen ziehen und vernähen.

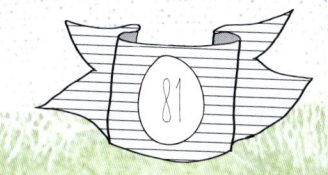

MAN BRAUCHT:

100G EINHUNDERT VON ATELIER ZITRON, FARBE 601

NADELSPIEL IN STÄRKE 6 UND 7

Grundmuster: Schachbrettmuster

60 Maschen anschlagen und die ganze Mütze im Grundmuster stricken:
3 Ma re, 3 Ma li über 4 Runden immer wiederholen, dann wechseln zu *3 Ma li, 3 Ma re*, ebenfalls über 4 Runden. Dann wieder von vorne. Dabei die ersten 10 Runden mit Nadelstärke 6 und dann weiter mir Stärke 7 stricken.

In Runde 32 folgen die ersten Abnahmen. Dafür jeweils im Kästchen mit den rechten Maschen die 2. und 3. Ma rechts zusammenstricken, im Kästchen mit den linken Maschen die 2. und 3. Ma links zusammenstricken. Es bleiben übrig: *2 Ma re, 2 Ma li*. Mit diesem neuen Muster 3 Runden stricken.

In Runde 36 wieder abnehmen, dafür jeweils im Kästchen mit den rechten Maschen beide Ma rechts zusammenstricken, im Kästchen mit den linken Maschen beide Ma links zusammenstricken. Es bleiben übrig: *1 Ma re, 1 Ma li*.

Die nächste Runde in diesem Muster stricken.

In Runde 38 wieder abnehmen, dafür jeweils 1 re und 1 li Ma rechts zusammenstricken.

In Runde 39 je 2 Maschen rechts zusammenstricken.

Den Faden 10 cm lang lassen und abschneiden, mit einer Sticknadel durch die verbleibenden Maschen hindurch ziehen, vorsichtig zusammen ziehen und vernähen.

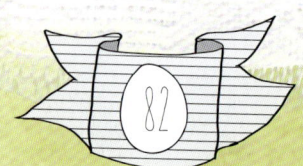

Bruno räkelte sich genüsslich im Gras.
Dem hatte niemand etwas hinzuzufügen.

83

WER HAT'S ERFUNDEN?

Alexandra Mahr ist freischaffende Malerin und Illustratorin.

Renate Piehorsch ist Mitinhaberin des Regensburger Woll-Ladens „Eismond HandStrickwerk"

Impressum

Auf die Plätze – fertig – strick
© 2014 Alexandra Mahr und Renate Piehorsch, alle Rechte vorbehalten

Illustrationen, Layout und Satz: Alexandra Mahr www.almahr.de
Text und Modelle: Renate Piehorsch www.eismond.eu
Fotos: Anne-Katrin Ziegan
Druck und Bindung: Verlag Monsenstein und Vannerdat
Wir bedanken uns herzlich bei Ulrike Richter, Daniela Kager von Eismond HandStrickwerk und Klemens Zitron von Atelier Zitron für ihre vielfältige Hilfe. Den allerbesten Dank an Erwin Knoll www.rootsystem.de, für seinen technischen Rat, Hilfe und Beistand.

Kontakt: renate.piehorsch@eismond.eu

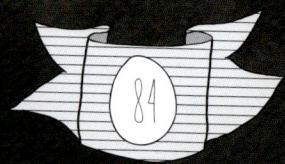